LA GUERRE

ET

LE CHRISTIANISME.

APPEL

DE

LA SOCIÉTÉ RELIGIEUSE DES AMIS

(OU QUAKERS) EN ANGLETERRE

A L'OCCASION

DE LA DERNIÈRE GUERRE.

SE TROUVE

Chez J. PARADON, 17, rue de la Fontaine

NIMES

1872

LA GUERRE ET LE CHRISTIANISME.

APPEL

DE

LA SOCIÉTÉ RELIGIEUSE DES AMIS

EN ANGLETERRE

A L'OCCASION

DE LA DERNIÈRE GUERRE.

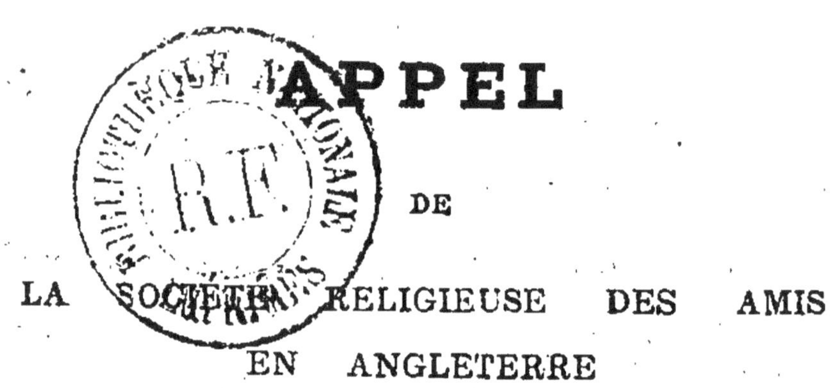

SE TROUVE CHEZ J. PARADON

NIMES

1872.

AVIS.

Au commencement de la dernière guerre, les Amis ou Quakers, en Angleterre, ont cru de leur devoir de faire à leurs compatriotes l'appel suivant, contre la guerre, dont on leur a distribué 200,000 exemplaires.

Mais comme l'Evangile de la grâce de Dieu est pour tous les peuples un message de pardon, de paix et d'amour par Jésus-Christ, il est de la plus haute importance pour chacun de connaître ce que cet Evangile nous recommande à cet égard.

On a donc cru devoir publier en différentes langues ce petit ouvrage qui exprime les sentiments de la société des Amis et on le présente maintenant au peuple Français, espérant qu'il sera lu avec attention et impartialité.

LA GUERRE ET LE CHRISTIANISME.

APPEL

DE

LA SOCIÉTÉ RELIGIEUSE DES AMIS EN ANGLETERRE

A L'OCCASION

DE LA DERNIÈRE GUERRE

Nous sommes au milieu d'une crise solennelle dans l'histoire du monde. Nos cœurs sont remplis de douleur en voyant cette épouvantable destruction de vies humaines et la masse de misère et de malheurs que deux des nations principales de l'Europe se sont infligés mutuellement, dans le court espace de quelques mois, en face du monde qui professe être Chrétien. Cette lutte horrible continue entre des hommes qui reconnaissent le même Dieu dans le ciel, et qui prétendent être les disciples de Celui qui a dit : « C'est à cela que tous connaîtront que vous êtes mes disciples, si vous avez de l'amour les uns pour les autres » (St-Jean XIII, 35).

Quand on pense à ces terribles meurtres réciproques et aux angoisses qui en résultent pour des milliers de vieillards, de veuves et d'orphelins, dont on a, de plus, ravagé les propriétés et détruit les demeures, ce que quelques-uns des nôtres ont vu de leurs propres yeux, on est prêt à s'écrier : Est-ce là du Christianisme ? Est-ce là ce que l'on aurait eu droit d'attendre après tant de siècles depuis que Dieu, dans les conseils de son amour infini, a envoyé son Fils au monde pour souffrir et pour mourir pour nous ? Est-ce pour cela que le Fils de Dieu a souffert et qu'il est mort? Ce n'est pas à nous de prononcer jugement sur les acteurs de cette vaste tragédie. Leur responsabilité ne peut être mesurée que par le Grand Scrutateur des cœurs. Mais, profondément touchés de la gravité du sujet, nous nous sentons pressés d'implorer tous ceux qui professent le nom du Christ, d'examiner avec conscience, jusqu'à quel point ils prennent part à cette responsabilité, en soutenant ou en sanctionnant des usages qui, seuls, rendent possible un état de choses pareil.

Il ne nous importe point ici de reconnaître si la guerre peut se justifier par les raisons et les maximes des nations payennes — mais c'est simplement de savoir si elle peut se réconcilier avec l'esprit de l'Evangile et les obligations que nous impose la religion du Christ.

Dans des prédictions de David, d'Esaïe et des autres prophètes « la *paix*, » et même « une abondance de *paix* » est sans cesse associée à la domination universelle et perpétuelle du MESSIE (Ps. lxxii, 8), qui est appelé « le Prince de la *Paix* » « celui dont il est dit, qu'il n'y aura point de fin à l'accroissement de son règne. » Cette promesse s'adresse non-seulement aux individus et aux églises; c'est aussi aux peuples de la terre qu'est annoncée la *paix* sous le Messie, par la bouche de deux témoins inspirés, et presque dans les mêmes paroles : « Ils » forgeront leurs épées en hoyaux » et leurs hallebardes en serpes. Une » nation ne lèvera plus l'épée contre » l'autre, et ils ne s'adonneront plus à » faire la guerre » (Mic. iv, 3 ; Is. ii, 4). Ces déclarations réitérées, sont-elles dépourvues de sens; et la promesse ne renferme-t-elle pas des obligations correspondantes, qui se rattachent non-seulement à la conduite des indivius, mais aussi à celle des Etats?

Lorsque après de longues années d'attente, le temps de l'accomplissement est arrivé, un chant de louange s'est fait entendre à la proclamation de la nouvelle dispensation : « Paix sur la terre et bonne volonté envers les hommes; » et ces paroles se trouvent étroitement associées avec celles-ci « gloire à Dieu au plus haut des cieux ». Le Messie si longtemps attendu, était enfin venu; non comme un des grands conquérants du monde, arrivé au sommet du pouvoir au milieu de la désolation et du carnage; mais avec un message de paix et de réconciliation : « non pas pour détruire la vie des hommes, mais pour les sauver. » Il a prié sur la croix pour ses ennemis : toute sa vie, couronnée par les souffrances et la mort, a été une manifestation constante de compassion, de patience et d'amour. « Nous avons vu sa gloire, » dit l'Apôtre ; « une gloire telle que celle du Fils unique, venu du Père, pleine de grâce et de vérité. » C'est Lui qui est l'exemple de toute justice, que Dieu a bien voulu nous accorder : et il 'n'existe pour un Chrétien aucun appel contre son autorité. Comment ses disciples peuvent-ils *haïr*, quand il leur commande d'*aimer* ? Et comment les Chrétiens peuvent-ils justifier la guerre, sans désavoüer l'exemple et l'autorité de Celui qui leur a enjoint expressément, d'aimer même leurs ennemis ?

La guerre excite la colère, la vengeance, l'ambition, la cruauté, et même la soif du sang, sans parler des autres passions qu'elle amène à sa suite. L'Evangile, au contraire, commande et exige la pratique de la compassion, de l'oubli des injures, de la patience infatigable et de la tendresse. Ces deux classes de motifs sont absolument irréconciliables ; en proportion que l'on se livre anx uns, on exclut les autres. et quelle contradiction ne serait-ce pas, d'attendre de voir une guerre conduite sous l'influence de la compassion, de la pitié et de l'oubli des injures.

On a dit que la guerre était le grand instrument de la justice internationale ; mais peut-on appeler justice ce qui fait appel non au droit et à la raison, mais à la force ; et qui dans son action confond, sans cesse, l'innocent avec le coupable ? Des multitudes d'hommes admettent l'autorité de l'enseignement et de l'exemple du Christ ; et pourtant ils se permettent d'en renvoyer la pleine application à un avenir indéfini et incertain, sous prétexte qu'on ne pourrait les suivre dans l'état actuel du monde. Veuillent nos frères en Christ nous permettre de les prier de réfléchir sérieusement sur l'erreur qu'ils imputent, par là, à notre Maître et Seigneur, peut-être sans s'en rendre compte. Lui « qui savait ce qui est dans l'homme » et qui voyait à travers l'avenir, ne pouvait-il pas juger ce que l'homme pouvait faire, et exigeait-il des impossibilités; et peut-on enfreindre impunément ses ordres? Quand on dit que l'on peut renvoyer d'obéir à la loi du Sauveur, jusqu'à ce que tout le monde s'y soit soumis, on annule cette loi, en en suspendant l'application jusqu'à ce qu'elle soit devenue impossible. Car comment pourrait-on obéir à l'ordre d'aimer ses ennemis, quand toute lutte sera finie et quand il n'y aura plus d'ennemis à aimer? Nous acceptons la religion du Nouveau-Testament, comme la révélation absolue de la volonté de Dieu imposée à l'homme. C'est la Loi Nouvelle sous laquelle nous vivons; et c'est au moment actuel que s'adressent spécialement tous les commandements du Christ. Nous n'avons aucun droit de supposer qu'une époque future sera plus favorable que la nôtre, pour manifester l'héroïsme chrétien dans la pratique de l'obéissance entière à notre Maître divin. C'est *maintenant*, dans ce monde bouleversé et plein de péchés, que le Christ doit être glorifié par l'observation de ses commandements ; et c'est par les armes de la foi et de la prière que doit s'obtenir la victoire. Si nous n'avions pas l'assurance que « le Seigneur règne » et que Sa vérité prévaudra à la fin, l'état actuel de l'Europe pourrait nous remplir des craintes les plus affligeantes sur l'avenir.

Si l'ardeur, l'énergie, l'habileté, et la dépense de temps et d'argent, qu'on a prodiguées dans cette guerre, avaient été employées, des deux côtés, à développer le sentiment de bienveillance et d'amour fraternel parmi les hommes, comme le demande l'Evangile, combien de carnage et de misère n'aurait-on pas évité? L'Europe aurait pu avoir la joie de voir deux de ses nations les plus puissantes, réunies dans une étroite confédération, qui se serait appuyée sur tout ce qu'il y a de bon et de noble dans le caractère des deux peuples; au lieu de les voir maintenant remplies de haine et du désir de vengeance.

N'oublions jamais que ce n'est pas par la guerre, par la gloire militaire ou l'art de s'entre-tuer, que les progrès de la civilisation et le bonheur du genre humain peuvent être assurés; mais que c'est plutôt par le développement d'une sage intelligence; par des habitudes de vertu, et par le perfectionnement moral et religieux, appuyé sur une foi pratique en Jésus, qu'on pourra contribuer à l'élévation de la grande masse du peuple dans tout ce qui est juste et bon, et maintenir l'harmonie et les bons sentiments entre les hommes et entre les nations de la terre. Quand il naît, soit par passion, soit par erreur, un différend entre des individus, il n'est plus, comme autrefois, décidé par un appel à la force physique, mais par la loi. Combien on contribuerait au bonheur du monde, et que de misère et de ruine n'éviterait-on pas, en suivant une méthode semblable sur les questions qui s'élèvent entre les nations ? La tendance inévitable de la guerre, est de stimuler et d'engendrer la guerre ; et c'est aussi peu pratique qu'il est irrationnel et antichrétien, de s'en remettre à un tel arbitrage pour les difficultés internationales.

En face des tristes événements qui se passent autour de nous, nous voudrions en appeler à nos frères chré-

tiens pour les prier de prendre sérieusement à cœur leur responsabilité
dans cette grande question. Si donc
la guerre est un obstacle au progrès
de l'humanité et un sérieux mouve-
ment en arrière dans tout ce qui est
civilisation, piété et sainteté ; si elle
est opposée sous tous les rapports à
l'enseignement et à l'exemple de notre
Seigneur Jésus-Christ ; alors n'avons-
nous pas le droit de demander, si ce
n'est pas le devoir de tous ceux qui
s'inclinent avec respect devant ce nom
sacré, d'implorer son secours, afin
d'être eux-mêmes entièrement délivrés
des dispositions qui tendent à la
guerre, et de tâcher, autant qu'il est
en eux, de les combattre chez les
autres par leurs paroles et par leurs
actions? Si telles sont les obligations
imposées à tout véritable disciple du
Christ, combien plus les Ministres de
l'Evangile sont-ils appelés à proclamer

en toute occasion les commandements de notre Seigneur, qui sont si opposés à la guerre?

En parlant ainsi franchement; dans un sentiment d'amour chrétien, nous croyons que notre appel ne sera pas tout à fait en vain. Si élevé que soit notre étendard, il ne peut pas être baissé sans nuire à notre juste idée du but que nous devons poursuivre comme chrétiens. La prière que notre Seigneur a enseignée à ses disciples, indique l'accomplissement de la volonté de Dieu, non-seulement dans le ciel, mais aussi sur la terre. Cette prière renferme plus que la *possibilité*, à l'égard de son accomplissement. Le disciple du Christ a l'*assurance* que les plans de la sagesse et de la grâce infinie de Dieu sont conformes à cette prière; il sait que le royaume dont il est citoyen est « la justice, la paix et la joie »; et chaque fois qu'il prie que

« ton règne vienne » il confesse non-seulement son devoir de s'y soumettre lui-même, mais aussi son obligation solennelle, de faire tout ce qui est en son pouvoir pour que ce règne s'établisse universellement.

Fait par une assemblée représentant la Société religieuse des Amis dans la Grande-Bretagne, tenue à Londres le 6 du premier mois (Janvier) de l'année 1871, et signé au nom de la dite assemblée par

J. CROSSFIELD, *secrétaire*.

Nimes. — Typ. Clavel-Ballivet et Cⁱᵉ.